Ambos

el
Serpiente tonta

Marcy Schaaf

Spanish

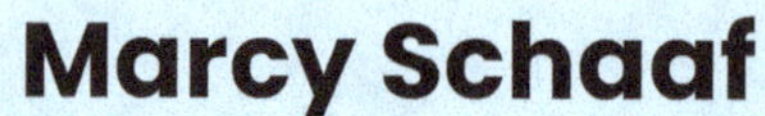

Marcy Schaaf

Sammy
the
Silly Snake

Once upon a time, there was a snake named Sammy.

Érase una vez una serpiente llamada Sammy.

Sammy was not scary;
he was friendly and fun.

Sammy no daba miedo;
Era amigable y divertido.

Sammy loved to eat mice,
but only the toy ones!

A Sammy le encantaba
comer ratones, ¡pero sólo
los de juguete!

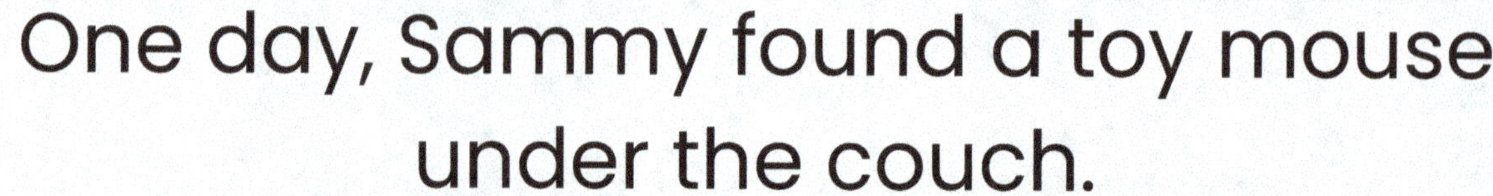

One day, Sammy found a toy mouse
under the couch.

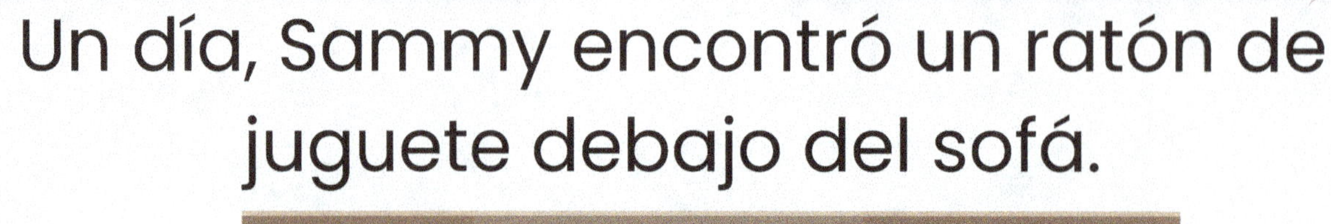

Un día, Sammy encontró un ratón de juguete debajo del sofá.

"Yum!" he hissed.
"I love these squeaky treats!"

"¡Mmm!", susurró.
"¡Me encantan estas
golosinas chirriantes!"

Sammy slithered around the house, searching for more.

Sammy se deslizó por la casa,
buscando más.

He found a toy mouse in the kitchen.
"Hooray!"

Encontró un ratón de juguete en la cocina. "¡Hurra!"

Sammy wiggled with joy and swallowed
it whole.

Sammy se retorció de alegría y se lo tragó entero.

In the bedroom, Sammy discovered three toy mice!

6:45

¡En el dormitorio, Sammy descubrió tres ratones de juguete!

6:45

He gobbled them up, one by one, happily.

6:45

Él los devoró, uno por uno, felizmente.

6:45

Soon, Sammy's belly was full of toy mice.

He felt sleepy and slithered to his cozy bed.
6:45

Pronto, la barriga de Sammy estaba
llena de ratones de juguete.

Sintió sueño y se deslizó hasta su
cómoda cama.

Sammy dreamed of more toy mice adventures.
6:45

Sammy soñaba con más aventuras con ratones de juguete.

In his dream, he met a mouse eating cheese!

¡En su sueño se encontró con un ratón comiendo queso!

Sammy and the
cheese mouse
had a fun race.

Sammy y el ratón de queso tuvieron una carrera divertida.

They laughed and played until the sun rose.
6:45

Se rieron y
jugaron hasta
que salió el sol.

Sammy woke up happy, ready for another day.

6:45

Sammy se despertó feliz, listo para otro día.

6:45

He knew he was the silliest, friendliest snake around!

6:45

¡Sabía que era la serpiente más tonta y amigable que existía!

6:45

The END!

¡El fin!

Books By Schaaf

www.BookBySchaaf.com

Find us at:

www.ingramcontent.com/pod-product-compliance
Lightning Source LLC
Chambersburg PA
CBHW081157130726
47996CB00009B/3162